JN441277

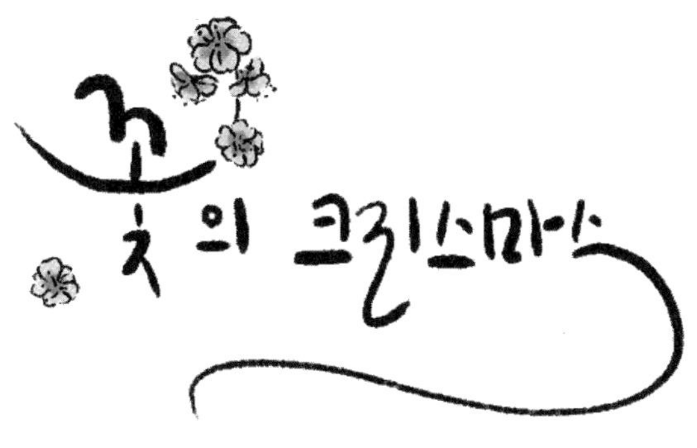

이승현 시집

세종문화사

시인의 말

벚꽃이 바람에 흩날린다

되돌아보고 싶지 않은 흑역사는
회복되지 않는 시간이었다

나를 온전히 나로 있게 한 시간
순간순간이 기쁨이고 행복이라는 것을
알아 가는 여정이다

짧은 시 속에 나를 위로하고
함께 공감하며
박수와 격려 속에
함께 익어 가는 내가 되고 싶다

2025년 5월에
이승현

차례

제1부 산다는 것은

제2부 가을에 쓰는 편지

제3부 어지러운 세상

제4부 기다려지는 봄

제5부 능소화의 계절

〈해설〉

제1부
산다는 것은

꽃의 크리스마스

달려오던 봄이
화이트 크리스마스를 선물하는 3월
기다림에 지쳐 늘어졌다가
하룻밤 사이 머리가 하얗게 센
설중매를 마주한다
산수유 닮았다고 이름 바꿔 불러도
생강 냄새 솔솔 풍기며 반기는
생강나무꽃
눈 속에 고개 내민 복수초
멀리 계신 부모님께
평안과 장수를 염원하는 봄날이다
돌담길 따라 노랗게 맞아 주는 영춘화
같은 부류라고 손 내밀어 보지만
두 손 번쩍 들고 자존심 지킨다며
하늘로 가지 뻗은 만리화
풍년화가 웃음으로 반긴다

이 말 저 말 막말에 귀를 닫고
척박한 땅에서 살아남으려
변신의 귀재가 된 노루귀
세상 살아가는 지혜를 밝힌다
봄을 시샘하는 폭설이 내려도
깽깽이꽃 연보랏빛 향기
큐피드 화살에 봄날이 흔들린다

꽃길

당신은 한 줌의 흙으로
붉은 철쭉 퍼져 갈 때 길을 떠났다
하얀 모시 적삼 곱게 차려입고
꽃상여 타고 가시던 뒷모습
시간의 바퀴가 멈췄다가
매년 오월이면 찾아오신다
새끼들 키워 내야 했던 한세상 뒤로하고
한지꽃 붉은 잎 더욱 붉게 밝혀
살아온 날들을 장대 끝 연에 엮어
한생이 이어져 하늘길 밝혔다
요령으로 길을 내며 앞서거니 뒤서거니
애간장 태우는 상두꾼 소리
마을을 돌아 태어난 곳으로 떠난다
어이어야 에헤야
에헤야 어이어야
목메어 들썩이는 어깨
인과 연이 다하여 간다고 하나
저승보다 이승이 낫다는데
살아온 무게가 상두꾼 걸음을 잡아당긴다
에헤야 어이어야
어이어야 에헤야

꽃상여에 이어진 인연 긴 끈들
슬픈 노랫가락에 이어져
꽃길 걸으며 다음 생으로 건너갈 수 있을까
어김없이 철쭉은 다시 피어나
그 길을 밝혀 다리를 놓는다

갠지스강에서 만난 거리의 여자

삶과 죽음이 교차하는 인도 갠지스강
가난을 가슴으로 토해 내는 수드라 여자
감당할 수 없는 고된 삶에
어머니의 강에서 눈물 삼킨다
작고 까무잡잡한 얼굴
모성을 일깨우는 애처로운 눈동자
축 늘어진 아기를 한 팔로 안고
손 내밀어 왼쪽 왼쪽을 외치며
가이드가 되어 따라오는 여인을 밀쳐 낸다
버스에 오르기 직전까지 관광객을
집중 공략하는 세일즈맨, 일등 공신 그녀
오늘 가장 큰 손님 절대 놓쳐서는 안 되는
그녀의 숨 가쁜 전쟁터
빨라지는 발걸음에 애처로운 밀당
신들의 나라에서 받은 첫 구애다
냉담해지기로 마음먹었을 때
벌떼같이 들러붙어 1달러를 외친다
선의의 베풂이 무엇인지
갠지스강 눈물이 흘러내린다
깨끗하고 잘 정돈된 공항
발을 내디딘 후에야 한숨을 돌린다

무엇을 보고 온 것일까
이국땅에서 마주한 여자는
사람 양심을 조롱하는 신의 딸이었을까
예쁜 것 좋은 곳만 찾아 여행하다가
뒤따라온 그녀 앞에 화들짝 놀란다

너와 나를 묶은 하얀 그림자

산다는 것은
꼬여 버린 실마리 찾기
풀어서 따라가는 여정

꼬이면 어김없이 끊기고
엉킨 자리 매듭 붙잡아
처음으로 돌아가게 하는 미로

시집올 때 가져온 명주 실타래
장롱 깊숙이 똬리 틀고 앉아
엉킨 날들을 묻고 있다

청실홍실 사주단자
발과 발로 이어져
한세상 이어 가는 똬리 튼 실타래

어디서부터 잘못된 것인지
한 번도 풀지 못하고 과거를 돌아본다
끊기도 감지도 못하고
너와 나를 묶은 하얀 그림자

시대의 자화상

모임은 농담 따먹는 과자 공장
장독대는 더 이상 궁금하지 않아
앞집 옆집은 뭘 먹고 있는지 더 궁금하고
외우기 힘든 이탈리아 음식점에서
어떤 걸 시켜야 하는지가 더 궁금해졌어
사우어크라우트 피자 볼로네제 감바스
낯선 메뉴들 제대로 시키고 있는지 모르겠어
누구는 화려한 옷에 명품 백을 들고 왔어
그 사람이 행복한지 슬픈지는
조금도 궁금하지 않아
그녀가 어디에서 밥을 먹고 어떤 옷 입는지
어디를 다녀왔는지 궁금할 뿐
잘 차려진 테이블에 우아하게
나이프와 포크로 고기를 썰고
고기가 얼마나 연한지
파스타는 얼마나 산뜻한 맛인지가 궁금할 뿐
부족하거나 슬퍼하는 모습은 창피하잖아
그들은 여행과 맛집 그린 뷰를 얘기하는데
고독은 어울리지 않아 시대가 그런 걸
입으로 따라가며 즐기는 척해야지

거시기

태엽 시계 멈추지 않고
많은 날의 사연
쓰담쓰담 들어 준 친구
고마워 손잡아 줘서

화날 때 속상해도
울먹거림을
듣고 또 들어 준 친구
와인 한 잔에 커피 한잔할래
만나자 거기서

깊이 잠수 탄다 해도 미워할 수 없는
오래된 동무만이 해 주는 립 서비스
"거시기, 거시기" "있잖아, 있잖아"
무얼 말하는지 알아듣는 진짜 친구

수많은 여행길 앞에 자리한 발자국마다
고여 있는 우리 시간
가슴 한쪽에 자리 잡은
친구 거시기

닫힌 문

적막을 깨우는 소리
똑똑똑
누구세요
나야
반가운 목소리에 열리는 문

문 하나 사이가 얼마나 먼지
그 문 열리는 무게가 얼마인지 알고 있니

바늘 하나 들어갈 수 없는 작은 구멍
바다보다 넓게 열리는 문
커지기도 하고 작아지기도 하는 마음

세상에서 제일 무서운 문이 사람의 마음
다 펴 주는 문도 사람이고
바늘귀 들어갈 수 없는 문도 사람

딱딱한 방문 틈 사이로
새어 나오는 불빛
마음 얹으면 행복의 바다가 보인다

365일의 무게

마지막 남은 한 장 달력
육십 해 무게를 모를까
한 해의 무게를 가볍다 한다
달력 한 장 속에는
365일의 무게가 웅크리고 있다
기쁨 슬픔 즐거움과 괴로움
하루하루 일과가 모여서
열두 번째 달력에 매달린다
뾰족한 돌과 동글동글한 돌을 가려
열두 달 마주친 얼굴들과 눈 맞춤 한다
가벼움과 무거움이 교차하여
바람에 살랑이는 나뭇잎 연서다
한 살 먹는다는 것보다
한 살 먹어서 쌓이는 무게가
나무의 마디가 되고
나뭇잎 한 장의 생이 끝이 아니듯
한 장의 달력이 남아서
새살 돋고 희망을 품는다
365일 무게는 우주의 부피
나이만큼 넓어진다

복덕방

복을 부르는 방은 이제 없다
복덕방은 부동산중개소
어디에도 복을 팔지 않는다

길게 늘어선 벽과 벽 사이
아파트를 올려다본다

하늘로, 하늘로 치솟아
닿을 수 없는 긴 그림자
목련꽃 환한 웃음으로 복을 준다는
그 아주머니

하늘 오르는 사다리 같아
네모난 명함판에 입김 한 번 불어 놓고
잡을 수 없는 복 앞에 쓴웃음 짓는다

목련꽃 피어나는 명함을 들고
옛날 복덕방을 찾아간다

여자의 굴레

엄마는 딸을 낳았지
가난한 살림에 또 딸이래
화들짝 놀라 눈앞이 깜깜했지

'둘만 낳아 잘 기르자'는 표어 문구에
딸 부잣집 딸들은 가슴이 졸아들고
아들은 끝까지 학업을 시켰어도
딸들은 출가외인
잘난 신랑 만나 시집가면 그만이랬지

시집간 딸이 또 딸을 낳았지
딸이 자유롭고 강해지기를
엄마가 걸어온 길 따라오지 말라고
손사래 쳤지

엄마의 굴레가 딸의 가슴을 조이기 전
딸들은 달아났지
차라리 반려견이 더 낫다며
얼마나 많은 엄마와 여자들이
여자의 목소리가 커지기를 기다려 왔는지

자신을 지키며 세상을 살아갈 딸
뒤에서 응원하는 엄마와 앞서가는 여자
아이가 없어서 망한다는 나라
여자의 굴레 점점 벗어나고 있다

넝쿨의 향기

첫사랑은 눈발 날리다 끝난 첫눈
오는 것 같았는데 이미 그쳐 버려
제대로 느끼지 못한 바람결 향기
한 번 맺어진 인연은
담쟁이넝쿨로 얽혀져 쑥쑥 자라지만
풀 수 없을 땐 잘라야 한다
담쟁이의 붉고 짙은 단풍이
첫눈에 더 붉게 빛이 나 아이러니하다
풀 수 없을 때는 그대로 두는 것도
예쁘지 아니할까
내년엔 더 많은 새순이 피어나
무성해진 잎들은
엉켜진 뿌리로 더욱 단단해져 있을 것이며
단풍은 또 고울 것이다
무수한 타래를 베어 내고 풀기만 한다고
인생이 탄탄대로는 아니지
세월의 시간에 맡기어 자라난 잎들은
상큼한 향기 풍기며
벽돌을 고풍스럽게 장식할 게다
시간이 가져다준 첫사랑의 향기를
첫눈 맞은 담쟁이 앞에서 맡아 본다

꽈리고추를 볶다가

쭈글쭈글한 꽈리고추
풋고추인데도 영락없는 할매 주름살이다

바다 향 배어 있는 멸치 배를 가른다
넓은 프라이팬에 볶으니 푸른 비린내 코를 찌른다

파도를 넘나들던 멸치 떼
무리 지어 바다를 누볐을 것이다
사는 게 녹록하지 않았던지
그물에 걸려 내게로 온 한 줌 멸치

나의 것만 같았던 젊음도
이제 빛이 바래고
바다의 한세상과 육지의 한세상이
프라이팬에서 함께 볶인다

밥 한술에 올려져 흔적 없이 사라질 밑반찬
끝나지 않은 나의 허기를 채운다

기울어진 시계

시간은 가고 있다
조금 기울어진 축의 방향은 사유의 깊이를 더해 주고
미학적 예술로 승화되어 변주곡을 쓰게 한다

기울어진 축이 만든 계절
여름 끝자락 놓기도 전에 겨울 문턱 넘보고
단풍잎이 되려 하는 시간
가을옷은 옷방을 서성이고
짧은 해를 늘리려 기도하는 시간
가을비 한 움큼에
짙은 낙엽 향은 삶의 무게를 나르고 있다

곧 북풍이 닥칠까 조급해진 마음은
가는 바람에 시간을 매달아
심호흡으로 숨을 들이마신다

푸름은 네 것이고
달콤한 열매는 내 것이기를 꿈꾸는 길목
물드는 단풍은 물드는 대로
익어 가는 열매는 열매로 두라고
기울어진 시계가 말 건네는데 시간은 저만치 오고 있다

침묵의 눈빛

함박눈이 어깨 위에 내려앉아도
쉬이 돌아갈 수 없는 걸음
간절한 순결이 나뭇가지에 쌓인다

웃음소리 끊이지 않는 옛 고향집
고드름 주렁주렁 매달아 놓고
어서 오라 손짓한다

순수했던 지난날은
흐린 날씨에도 맑은 빛을 발하며
어깨를 감싸고

미래를 꿈꾸던 추억의 사춘기
순백으로 펼쳐진 길에
저만치 물러나는
젊은 날의 사랑이 지워진다

하얀 눈이 세상을 덮어
사르르 지워지는 기억의 미로
침묵 속에 나를 깨운다

그린 필드에서 만나요

초원은 언제나 기쁨이 넘친다
태양 빛이 깔리는 그린 필드
그곳에서 우리 만나요

우아한 노랑나비
날개를 펼치는 초원
세상이 온통 푸르게 물들어 가고

분홍빛 세상을 꿈꾸며
날갯짓하던 나비춤
세상은 층층이 도사리는 먹이사슬
호시탐탐 노리는 사냥꾼들

비가 내려도 이곳은 푸른 초원
골짜기 물이 마르지 않는
사랑 노래가 흘러나오는 곳

우리가 만나 초원에 세운 집
아름다운 꽃과 꿀이 흐르는
여기에서 함께 노래를 불러요

제2부
가을에 쓰는 편지

가을에 쓰는 편지

귀뚜라미 소리도 숨죽인 밤
너에게 편지를 쓴다

너무 더웠던 여름
한줄기 소낙비에 적셔지고
가을이 밤을 차지하면
서랍 속 접어 두었던 네가 그리워
살포시 꺼내어 본다

사랑한다며 몇 자 적어
가을이 왔다고 속삭이던 너는
나의 친구요 나의 연인

붙이지도 못할 엽서
밤새도록 껴안고 뒹구는
가을에 붙이는 연서

숙성되는 가을

가을비에 쏟아진 진한 낙엽 냄새
가을이 깊어 간다

여름날 초록이 짙어질 때쯤
서서히 지쳐 가는 삶의 무게 버거워
가을은 노랗고 빨갛게 자신을 태운다

발꿈치 내려앉는 차가움과
푹 익어 가는 시래깃국의 향연
각자만의 순례길 찾아 나서는 낙엽 바라보며
삶의 무게를 가볍게 흔들어 본다

나의 무게는 나에게로
너의 무게는 너에게로
각자 감당할 무게만큼 짐을 메고
오늘을 살고 내일을 살아갈 일이다

시인들은

말발굽 닮아
구벼울이라 부르는 카페에 앉아

여울져 흐르는 겨울 강
비 내리는 풍경에 흠뻑 젖어
시의 길을 따라가는 시인들

저만치 솟아날 구름산을 그려보는데
유유히 흐르는 뭉게구름 찾아
맑은 눈빛으로 구름모자 쓴다

산 넘는 구름은 하나인데
찾아낸 이름은 제각각
솜사탕 구름사탕 고향 하늘 친구들
저마다 떠올린 이름 뒤로

녹색 파란색 빨간 우산
흐려진 강가에 예쁘게 색칠하고
출렁출렁 강물에 리듬 맞춰
각자의 흥을 쏟아 낸다

빗방울 소리 뜨겁게 맞이하여
가슴에 지닌 문운 향
시향에 젖는 시인들
강물과 구름 사이에 시 밭을 이룬다

밤의 예찬

뜨거운 태양을 끄고
캄캄한 밤을 켜면
불 밝힌 창밖 밤공기 밀려와
풀벌레 밤을 깨운다

알퐁스 도데의 '별'을 따라
미지의 세계로 인도하는 밤
눈을 감지 않아도 저절로 눈 감은 나는
밤의 손을 잡고 길을 걷는다

내면의 나를 만나게 하는 밤은
어둠에서 불 밝히는 등불
소망이 희망의 씨앗 되어
긴 터널을 지나 뿌리 내리게 하는 자양분
언어에 날개를 달아 준다

술이 익어 가는 저녁

세상 이야기는 저녁 뉴스 하나면 충분한데
술 없이 맞이하는 저녁이 괴로운 사내는
마누라 대신 술병을 찾는다

아버지의 아버지가 그러하듯
두 어깨에 올려진 무게가 술병으로 쌓이는 저녁

젊음을 바쳐 보낸 세월
사내가 쏟아 낸 이야기는 도깨비방망이

근무 30년 만에 받아 온 예쁜 찻잔
부부의 살아온 날들을 담는다

수고 했어, 고마워요, 나직이 전하는 말
달큰한 술이 익어 가는 밤이다

결혼식

아담과 하와가 사랑을 나눈 낙원
뱀의 유혹이 없었다면 굴레가 없었을까

사랑의 보금자리 찾아 나서는 결혼
포승줄에 묶여 팡파르 부르며
신고식 하는 자리

악어와 악어새가 되어 걸어가는
공생의 길을 위해
우아하게 단장하고

순백의 레이스로 장식한 행진 길
레드카펫을 걸어가면
축복의 손뼉을 친다

하루가 한 달이 되고
일 년이 십 년 같은 날들이 오면
잊어버린 유혹의 혓바닥은 기억해 낼까

레테의 강을 건너기 전까지
사랑 줄에 묶여
두 사람이 곡예 할 행복의 하모니를 위해
곱게 단장하고 나서는 기분 좋은 날

한 쌍의 부부가 되어 걸어가는 두 사람
뒤돌아서서 그들의 뒷모습 아련히 지켜본다

젓가락 한 쌍

우산 하나에 두 사람이
나란히 걷는 노부부의 뒷모습

너무 짧지도 길지도 않은 이 세상
단 하나뿐인 사랑을 만나러
이 세상에 온 짝들

한쪽이 길어도 불편하고
짧아도 어색한 그림
두 마음 한마음으로 모아야
굴러갈 수 있는 짝꿍

네 한 입, 내 한 입
부딪치는 것이 아니라
서로 하나 되어
아끼며 걸어갈 수 있는 길

행복의 사다리 놓아 주는 나의 짝
당신이 있어 다행
우리 뒷모습도 아름다우리

유통기간

빠르게 소비해야 한다는 건
유통기간이 있어서다

남한강이 내려다보이는 찻집
허공으로 넋두리하듯 쏟아 낸 이야기는
그만큼 쌓인 우리들의 삶

너와 나
떨어지지 않으려는 필사의 노력은
강물에 풀어 놓는 고단함이다

갈래머리 소녀가 꾸었던 꿈 찾아
삶의 긴 여정을 지나
아름다운 석양 앞에 선 너와 나
마주 앉은 우리는 유통기간 없는 친구

엄마의 칭찬

요양원 담쟁이넝쿨
가을 잎 떨어뜨린 가느다란 실핏줄로
마른 벽 움켜쥐고 있다

담장에 기댄 어머니 손끝에서
가냘프게 들려오는 신음
기다란 담벼락 타고 흘러간다

병실을 오르내리며
어머니 모습을 가린 담쟁이 모습에
호실을 쳐다보며 멈춘 발길

낮아진 키, 작아진 어깨
척추골절에 반으로 접힌 몸
담쟁이넝쿨에 감긴 듯 서글픈 시간

마른 벽에 실핏줄이 얽혀도
저렇게 끈질긴 생명력이면
모진 비바람 꼭 이겨 낼 거야

담쟁이 닮은 구순 노모
담쟁이처럼 척박함 속에 이어 온
끈질긴 생명 줄이기를

이 고비도 잘 넘겨
이쁜 우리 딸, 잘 살아 줘서 고맙구나
그 칭찬 소리 듣고 싶다

엄마의 밥상

칙칙칙 가마솥 밥 짓는 소리
아침 공기에 코를 간질이는 냄새
바스락바스락 엄마 치맛자락에서 향기가 피어오른다

난리 북새통에도 한 숟가락이라도 더 먹이려는
엄마의 찐 사랑 잔소리는 든든한 힘이요
살아갈 용기가 된다

내리사랑 뜨거운 정성으로
한 모금이라도 더 챙겨서
참새 모이 주듯 입에 넣어 주면
시간을 탄 잔소리 귓가에 맴돌고

외로울 때 찾아가는 친정 나들이
엄마의 소박한 식탁 앞에
사랑으로 배를 채우고
붉은 카네이션 엄마 품에 안긴다

찔끔찔끔 눈물 감추며 돌아오는 길
멀리 보이는 엄마의 손짓
깃발보다 크게 보인다

신혼집

천수까지 살라는 말 욕이라는데
시대는 백세시대
오래 사는 것이 복인지 불행인지
살아 보지 않아 알 수가 없다
구순 연세에 이사하는 부모님
아파트 장만하고
실내 인테리어 하더니 짐을 싼다
내가 이제 살면 얼매나 살겠노
귀금속 다 나눠 주시던 날 엊그제
구순의 마음은 소녀가 되어
예쁘게 치장하고 살고 싶단다
지팡이에 몸을 맡기고
호령하는 울 아버지
기차 화통 드셨냐며
커튼 집 사장님 놀란 눈으로
껌벅껌벅 조아리고
인덕션 가스레인지에
고운 빛 소파도 들여놓고
몸은 백 세인데 마음은 신랑·각시
울 엄마 아빠 신혼집 꾸리셨다

엄마와 딸

매서운 한파가 깊이 파고드는 날
아프신 구순의 노모 안부 전화 드렸더니
언니가 음식 만들어
냉장고를 채웠다는 소식 전한다

미안한 마음에 전화기 주막 차렸다
엄마는 자매의 안줏거리가 된다

남아선호사상이 깊으신 울 어머니
전 재산 아들에게 위임하고
딸들은 네 시댁이나 잘 챙기라고 손 저으셨다

몇 푼 안 되는 콩 부스러기 돈도
손에 남아 있는 게 없다고
손사래 치시며 물리치시더니
아프고 병원 가려니 딸들 찾는다

차비 병원비 걱정하지 말거래이
계산은 내가 다 할꺼니께
당당하게 말하시는 울 엄마

흐리고 추운 날
안줏거리 필요할 때
술안주 하기에 딱 좋은 어머니
병원 갈 날 언제인지 달력에 동그라미 그린다

어떤 이별

호상이야 호상
고모부가 말했다
고모를 위한 배려였다
고모의 마지막 피붙이가
그렇게 숨을 거두는 순간이었다
가녀린 어깨가 들썩들썩
세상이 쿵 내려앉는 듯했다
오랜 투병 중에 가신 그녀
다들 호상이라 했다
좋은 죽음은 없는 것이라 해도
눈물 가득한 술을 올리고
가는 길을 위하여 눈물로 취했다
슬픔 대신 웃음 나누는 만찬
눈물 밴 촉촉함에 젖어
영정 속 그녀가 따라 웃었다
그렇게 한생을 떠나보냈다

겨울에 보내도 되는지 물어 오지만
어쩔 수 없는 삶의 한계
봄은 그녀가 남긴 마지막 선물
살포시 내린 눈꽃 밑으로
불그스레 피어나는 매화 꽃봉오리
그녀는 차가운 가지 끝에서 왔다 가고
꽃망울에 흐르는 콧물을 훔친다

여행은 사랑이야

어른이 된 딸의 손을 잡고
현해탄 건너는 비행기를 탄다

가깝고도 먼 후쿠오카 여행
일정에 맞춰 비행기를 예매하고
숙소와 맛집을 찾아내며
앞장서 걸어가는 나의 보호자

패키지여행에 익숙한 몸
작은 손 잡고 걸었던
옛 모습 떠올리며
딸이 내미는 손을 놓칠세라
낯선 긴린코 호수공원을 거닌다

자유여행이 주는 즐거움 만끽하며
앞장서는 딸 발을 맞춰
풍경의 경이로움에 취한다

잘 기억해 놓았다가 가까운 곳부터
자유여행을 시작해 봐요
용기와 힘을 심어 주는 딸

혼자였다면
이런 즐거움이 있었을까

나보다 더 커 버려
삶의 동반자가 된 모습에
시간의 흐름을 되돌아본다

딸과의 여행이 안겨 준 추억의 장소
후쿠오카의 밤은
인생 후반부의 그림을 그리게 한다

곶감 이야기

외할머니 무릎에서 들려오던

네 엄마 어릴 적에
말도 잘 듣고 똑똑하고……
시작은 같았지만
늘 새로운 울 엄마 얘기
엄마 말 잘 듣고
공부 열심히 하라는 그 당부
외할머니 가슴속엔
엄마가 최고인가 봐

곶감보다 달콤한 그 얘기
이제는
내 엄마가 내 딸에게 들려주는
곶감 같은 이야기

제3부
어지러운 세상

요술 지갑

키오스크 앞에서 커피를 고른다
젊은 청년의 손을 빌려
간신히 주문한 아이스아메리카노

핸드폰으로 버스 단말기에 댄다
현금 없이 핸드폰 하나면 해결되는 요술 지갑

노년의 아주머니가 버스 출입구에서
대답 없는 고사를 지낸다
핸드폰으로 도전하는 요금 결제

손은 서툴고 당황하는 기립자세
머뭇거리다 핀잔 듣고 비켜난다
꼬리를 말고 비켜나는 시골 쥐의 모습

변해 가는 문명은 어른과 아이의 질서를 무너뜨리고
책과 현실을 바꿔 놓는다

젊었을 땐 기계가 두렵지 않았단다
심호흡하는 아주머니
오늘도 마트에서 첨단기술과 씨름하고 있다

하얀 밴드

내일의 희망을 담고
영끌로 거머쥔 재개발 딱지
새 아파트 갖는 꿈으로
사랑은 커지고 행복을 저당했다

온갖 기계가 동원되고
소리가 모여 소음이 된 합성
귀 막지 않고 듣는 미래의 행복

간절한 마음들이
공사장 흙 속으로 스며들어도
하늘을 가려 준 느티나무는 언제나 눈에 띄었다

술래잡기하던 골목 뒤
흔적 없이 사라진 옛 집터
저기 어디쯤 남아 있던 체취
굴착기가 뒤집어 놓는다

상처받은 땅 추억이 된 옛터 위로
소리 없이 내리는 눈
하얀 밴드로 상처를 묶는다

막다른 골목은

평화시장 골목 좌판에 은빛 갈치
미끈한 모양새로 까만 눈 반짝이며
행인의 눈길 사로잡는다

상태를 고르는 사람들의 손길과
신선도 유지를 위한 얼음덩이 사이로
은빛 긴장감이 일렁이는 새벽

갑자기 내려진 비상계엄
누구를 위한 비상사태인가
한 나라의 안위와 세계인의 조롱거리로
떠들썩하다

최고의 권위
매력적인 자리일수록 유혹은 강하고
권력 암투는 끊이지 않는다

뜯기고 무는 정치판 앞에
정의와 평화는 시궁창에 처박힌 수레
삼척동자도 다 아는 어리석음에
발가벗겨진 몸뚱이 맨눈으로 쳐다본다

여명은 가장 짙을 때 다가오고
알에서 깨어난 애벌레는
나비가 되어 날아간다
평화시장 골목은 시작의 변곡점이다

이태원 참사를 추모하며

붉은 단풍 입에 물고
흩날리는 사이로 춤을 추어요
하얗게 떨어지는 잎 다 담지 못하고
애달픈 긴 소매 너울대며
사모곡 부릅니다

'억' 소리마저 잠식당해
소리쳐 불러본 목소리 귀에 맴돌 뿐
쌓여 가는 무게에
허무한 바람이 부네요

깔깔 재잘대던 소리 귓전에 울리는데
그 소리 어디 가고
재가 되어 떠도나요
춤추며 날아가는 어린 새
어디서 만날까요

이태원을 날고 있는 어린 꽃들이여
참사는 어른들의 잘못이거늘
그 몫을 너희가 짊어지고
서둘러 하늘로 갔구나

반짝이는 별이 되어
말갛고 해맑은 영혼의 숨결로
못다 한 얘기 얼마큼 들려줄거나

둥지 위 뻐꾸기 소리
달빛에 묻혀 더욱 애달픕니다

새로운 풍속도

김치보다 스파게티
김장 언제 해
촌스럽게 누가 김장하냐
깜짝 놀란 눈으로 껌벅껌벅하다가
우리 집 김장은 종갓집이야

며느리 딸 아들 야단법석이던 김장 날
구수한 고기 냄새 섞어
온 마을에 김장한다고 광고했었지
파김치 총각김치 고들빼기 나박김치
분주하셨던 엄마 손은
늘 행주치마에 끌려다녔지

숨 죽은 배춧잎에 고기 돌돌 말아
입에 쏙 넣어 주시던 어머니 손맛
착 감기는 그리운 추억

내 손으로 이어진 어머니 맛
그 맛 챙기려 배추 한 보따리 싣고 와
소금에 절이고 갖은양념 버무리면
배추는 빨간 단풍 들고
아이 러브 유 김치 차곡차곡 쌓이지

입맛이 변했나
풍속이 바뀌었나
한 해 살림 마무리하는 김장
요즘은 마트에 줄 서서 김치 담근다

달바라기

더도 말고 덜도 말고 한가위 같아라
가을 앞에 흐르는 땀을 닦으며
달구경 하는 팔월 한가위

시대의 흐름을 아는지
계절마저 변하여 가을 추석은 사라지고
한여름 추석을 맞이한다

차례상 물리고 가족들과 빙 둘러앉아
나누던 담소도 시간의 뒤편으로 사라지고
새댁들은 나들이 가느라 분주하다

어머니의 어머니가 이마를 닦으며
송편 빚어 가족들 챙겨왔듯이
바리바리 준비한 음식
빙 둘러앉아 나누는 곡주 한 잔

고양이가 바닥에 누워 세상을 보듯
둥근달 보며 근심 덜어 내고
두 손 모은 어머니의 기도 소리
풍요와 기쁨이 가득한 내일을
달님께 속삭이며
이 세대 소원이 담기는 저녁

내 짝 찾기

결혼은 해도 후회 안 해도 후회
더 늦기 전에 해 보는 건 어때
호랑이는 가죽을 남긴다는데
사람은 무얼 남겨야 할까

어머니는 서른 나이의 딸이
재취로 가면 큰일이라 밤잠을 설치고
칠성님께 빌었다지

할머니는 열일곱에 시집와
신랑 얼굴 처음 마주하고 첫날밤 치렀다며
엊그제 같다던 말씀
그땐 그랬다지

할머니 어머니의 아리송한 옛날얘기
비혼주의에 반려견 반려묘가 더 중요한 화젯거리
결혼은 선택일 뿐

외로움과 고독은 필수
세상 재미에 푹 빠진 처녀, 총각들
결혼상담소에 쌓여 가는 숫자들, 너희들 어쩌면 좋니
고민만 늘어가는 삼신할머니

정화수 한가득
산신령 바라보며 호랑이 꼬리 잡는 부모님

편 가르기

엄마 아빠 중 누가 더 좋아
웃음으로 던진 짓궂은 어른들의 물음
생생히 기억되는 쓴맛의 그림자

사람들이 모여 일을 하다 보면
이쪽인지 저쪽인지 묻곤 한다
그때부터 보이지 않는 신경전

어느 쪽으로 대답해야
위치가 보장되는지 되물으며
질문하는 너는 어느 쪽일까

지금, 이 질문이 일하는 데 필요할까
의문의 사상 검증
상대의 얼굴을 읽으려 애를 쓴다
너는 대체 어느 쪽인데

산다는 건
이쪽저쪽이 아닌 중심이라 배웠는데
가운데가 어디인지를 모르겠다

대학가 민달팽이

파도는 바다의 일
물 건너는 건 달팽이만 알 뿐
추적추적 내리는 빗방울 사이로
민달팽이 기어간다

대학가 원룸촌 복덕방에 불났다
고물가 임대료 상승으로
퀴퀴한 지하 단칸방 이삿짐 쌓아 두고
맘 편히 눕고 싶어
급매물 광고지를 헤엄치는 청춘

도심 빌딩 아파트와 원룸 많은데
한 몸 뉠 곳 없는 민달팽이 되어
두리번두리번 집을 찾는다

둥지 찾으려 지문이 닳고
속지 않으려 졸아드는 심장박동
비상구 찾아 산 고개 마다하지 않고
메마른 산길로 집 찾아 오른다

사랑의 백신

너는 내 안에 들어와 집을 지었어
지독한 독을 품고 침입한 너
혼자 살아갈 수 없는 너는
남의 집을 제집인 양 차지하고서
재채기해도 나갈 생각이 없는 고집불통
우리와 가장 오래된 벗이라며
안팎에서 살아 움직이는 미생물
너를 쫓기 위해 약을 먹고
백신을 투입해도 좀처럼 나갈 생각이 없네
혼자 살지 못하는 네가 나를 찾아와
친구가 되어 달라 떼쓰고 있어
혼자 살아가기에 외로워 친구 만들고
동반자와 가족도 생겨나
꽃밭에서 나를 지켜 준다고 하지
독한 너를 위해 백신을 주입하고
또 다른 항생제를 먹었어
여전히 나를 괴롭히는 너를 향해
사랑의 백신을 맞기로 했어

가장 사랑하는 가족들의 따뜻한 위로와
걱정 어린 사랑의 백신
이 세상 가장 강력한 치료제일 거야
같이 살아가는 친구가 되어 주렴
아이 러브 유 아이 러브 유

팔팔하게 살자

하루하루 끝으로 시작되는 첫날
구름 가르고 태어난 새해
떡국 한 그릇에 한 살 더 먹고

어제 없던 주름 나이에 얹혀
설산 신선이 주는 불로장생 한 뿌리
흰머리에 새기며
가뿐한 걸음으로 여행을 떠난다

삼십 년 전
육순 잔치에 칠십이면 호상이라
누구 할 것 없이 깍듯한 어른 대접
허허 웃음 날리던 게 엊그제 같더니

구십이 되어도 혼자 밥해 먹고
새해라고 첫인사 하는 백 세 할머니를
TV에서 마주한다

매일 먹는 밥 한 끼에 1년 운세 날아들어
팔팔할 때 걷자며 꾸린 여행 가방
검푸른 바다 백색의 물거품 위로
새해 인사 나누는 친구

추위도 잊은 새해 바다의 매력에
잊었던 청춘 파도에 밀려와
팔팔하게 살자고 인사 나눈다

아뿔싸

완벽한 보호에 잘 정리된 공간
쭉쭉 잘 자라 주길 바라는 것은
모두의 소망이지

다른 종들과 섞일 염려가 없는
화분의 식물들
저마다 섬을 이루고
안전한 터를 잡고 보호받는 중이지

내게로 온 식물이 푸른 잎 뽐내며
창가의 햇빛을 의지하여 잘 자랐어
고마운 마음에 영양제 듬뿍 주었더니
시름시름 시들고 말았지

엘리베이터에 귀여운 아이가 탔어
보호자인 젊은 새댁도 있었지
나이 먹은 사람들에겐
아이가 너무 귀엽잖아
"참 예쁘구나"
그 한마디에 새댁의 눈꼬리 올라가고
아이는 제 엄마 얼굴만 살펴봐

아뿔싸 실수했구나
아이와 어른의 보이지 않는 섬
너와 나는 각각의 섬이 되어
살아가야 하는 화분이구나

기상이변

화성으로 이사를 해야 하는 걸까
마지막 남은 현생인류는 우주선에 몸을 싣고
지구를 떠나야 하는 날이 올지도 모른다

한쪽에서 50도 넘는 더위가
반대쪽에서는 빙하가 녹아
북극곰은 발바닥을 올릴 빙하조차 없어
굶주림에 쓰러져 가고 있다

지구 온도 1.5도 상승
싹쓸이 폭우에 울렁증 걸린 지구
재해가 일어난 곳에서는 네 탓 공방 서슴지 않고
전쟁이 무서운 시대에 살고 있는 줄 알았는데
우리는 지금 스스로 불구덩이를 파고 있다

푸르고 아름다운 이 땅에
아장아장 걷는 아이 웃음소리 이어질 수 있도록
지금이라도 더 늦기 전에
해열제를 먹이고 감기약이라도 처방하고 싶다

노아의 방주는 한 번으로 족하다

제4부
기다려지는 봄

마장호수

마장호수 나들잇길
친구들 수다에 살얼음 녹고
물오른 나뭇가지 푸른빛이 감돈다

고령산이 품은 호수
변해 가는 세상 얘기에 귀를 쫑긋 세운다

핵가족 지나 결혼을 미루는 청춘남녀
미래가 두렵다고 외면하면
호수에 비친 제 얼굴 마주할 수 있을까

넘어져 보지 않은 사람이
아픔을 알 수 없듯
다리 아래 물 깊이 가늠하지 않고
어찌 하늘 높이를 잴 수 있을까

출렁다리 건너 호수 둘레길
사뿐사뿐 걷는 걸음들이
내일의 그림 그리며 웃음꽃 피운다

기다려지는 봄

이불에 덮인 발가락이
꼼지락꼼지락
새날 밝기를 기다린다

움찔거릴 때마다
움트는 새싹의 말랑거림이
여명을 불러 설레게 하고

아침햇살에
슬며시 이불 걷어 내면
잠자던 사랑이 밀려와
쏙 내미는 얼굴

긴 긴 겨울잠 깨어
하늘 향해 기지개 켜며
일어나는 새날의 봄

봄 봄 봄

냉이잎에 봄이 가득 들어 있다
들판 논둑 밭둑에
계절의 뿌리가 꿈틀거리고
봄 냄새가 향을 뿜어낸다

뺨을 얼리는 찬바람에
흙에서 기지개 켜며 일어나
간지러운 피부를 뚫고
봄을 알려 주는 우체부

땅속에서 속닥거리는 소리
대지의 온기로 피워 올려
어머니 손끝에서 움트고

일에 지친 지아비와 배고픈 아이들
잃어버린 계절 사이로
도심의 뒷골목을 밝힌다

냉이 돋아서 향기로 일어서면
어머니 품에서 살아나는 봄

꽃구경 가요

홍매화가 봄을 가져왔어요
파랗게 둥실둥실 피어나는
그리움을 가득 싣고 왔어요

하루살이를 닮아
봄이야 소리치면 달아나고
가쁜 숨 고르기도 전에
바람 타고 날아가 버리는 봄

꽃구경 가요
솜사탕 묻어나는 벚꽃 밟으며
휘리릭 흩날리는 꽃잎 마냥
짧은 우리의 봄날을 펼쳐 봐요

순간으로 피어나 봄비에 사라지는
짧은 봄날이지만
꽃구경하는 이 순간은
영원히 기억에 남을
반짝이는 별빛 같은 날이니까요

청계천 오월

도심 속 오아시스와 같은 공간
자매가 나란히 길을 걷는다

이팝나무 줄지어 서 하얀 뭉게구름 피워
겨울 눈사람 만드는가 싶더니
아카시아꽃 늦을세라 향기 뿜으며 손짓한다

수로에 커다란 잉어가 빙글빙글 헤엄치면
오리가 빠르게 앞으로 쭉 쭉 달리기하는 천변
수줍은 듯 피어 있는 찔레꽃

그 은은한 향기에 거슬러 간 추억
과자 대신 먹던 떫은 듯 아삭한 찔레 순 맛에
함박웃음 지으며 쳐다본 눈빛

뽕나무엔 엄마 젖꼭지 같은 오디가 가득 열리고
달콤한 맛은 익숙하여 이내 손이 먼저 뻗치는
누에 입에서 들리는 사각사각 합창 소리

벽을 타고 오르는 담쟁이넝쿨은
오월을 색칠하는 대단원의 긴 도화지
자매가 걷는 청계천에 신명 나는 추억이 쌓인다

7월

피할 수 없는 태양
덥고 뜨거운 열기가 창문을 녹이고
굵은 땀방울로 등줄기에 흐르는 여름

열매를 맺기 위해
잘 견뎌야 하고 잘 버텨 내야 하는
7월은 아슬아슬하다

폭염의 더위와 맞서고
장마와의 싸움에서 이겨 내야 하며
태풍에도 지지 말아야 한다

바람은 나뭇잎에 걸어 두고
생명수는 바위로 덮어
더 뜨겁기를 갈망하는 달

진초록으로 덮이는 대지와
익어 가는 복숭앗빛으로
여름을 향해 달려가는 7월이 좋다

쉬어 가자 더위야

지글지글
지구가 데워지는 소리
땅바닥이 불붙겠어

부글부글
내 몸 온도가 올라가는 소리
하늘로 올라가다 펑 터질지도 몰라

오늘도 폭염
잠시 쉬어야 하는 시간

내일은
아주, 아주 큰 부채 들고 나갈게

도토리의 일침

갈참나무 도토리
또르르 굴러 가을문 연다
봄 여름 가을 겨울
싹 틔워 뜨거운 햇빛 품고
갈색 옷 매끈한 머리통
참 잘생긴 고놈
군대 간 아들 뒤통수 닮았다
선선한 바람에 차 한 잔 시켜 놓고
단풍 한 잎, 차 한 모금
바람 한 점 불러 여름을 얘기한다
갈바람에 침묵으로 걸어온 도토리
폭풍우 번개 속에서도
딱정벌레 침입에도 살아남은
그 소리
또르르 딱 또르르 딱
여문 도토리는 다람쥐 밥
사람들의 건강식
침묵 깨고 깍정이 벌어지는 소리
또르르 딱 도토리 딱
산정이 온통 깨어난다

여행을 부르는 여뀌꽃

애정과 행복한 사랑 여뀌꽃
이름에 놀라고 꽃말에 경이로운 너는
낯선 길에서 만난 딸을 떠오르게 한다
시간 지나면 추억인가
여행길에서 뾰로통해진 마음
다시는 함께 가지 않으리라 다짐했건만
길가의 여뀌꽃이 나를 부른다
무더위 끝에 만난 가을은
걷고 또 걸어도 정답지
길목마다 만나는 야생화
제법 티를 내는 은빛 갈대 펼쳐진 들녘
소박하면서도 짙고 붉은 꽃
무리 지어 핀 들녘에 추억을 꺼내 보듯
너를 보며 웃음 짓는다
일본 여행길에 가져온 도쿠리 사케병
술병에 그려진 그림이 너였다니
반가움이 그리움으로 물들어 가고
뭉게구름 비행기 꼬리 물며
발끝마다 여행이다

수고했어 처서래

여름을 이겨 내느라 고생했어
푸줏간 고기가 태양 빛에 익어 가고
채소집 야채는 너덜너덜한 풀떼기
청소하는 아주머니 이마에 송골송골 솟는 땀방울
길가 좌판에 진열된 야채
분무기 물에 삐뚤어지고
칭얼대는 어린아이 돌보느라
쉬지 않고 돌아가는 돌돌이 선풍기
금메달을 향해 질주한 선수들도
환희의 축복 받기까지 여름이랑 달렸어
가마솥더위에 지쳤지만 원망하지는 않아
무더운 여름이 있었기에 서늘한 가을바람이 오는 거지
그 바람에 이삭 여물고 과일은 단맛을 내
참 수고했어
뙤약볕에서 살아남은 것들은
제자리에서 잘 살아 냈어
장마와 더위도 한때
인생도 그 한때를 지나가고 있고
잘 익은 능금 한입 베어 물고
그렇게 함박웃음 짓는 거야
백로가 멀지 않았잖아

달의 숨바꼭질

네 마음이 커진 걸까
내 마음이 넓어진 걸까
슈퍼문이 심장으로 쿵 떨어지는 밤

열두 폭 치마로
따스한 온기 세상을 감싸면
은하수에 풀어 놓은 반짝이는 구슬

너무 가까이 다가오면
썰물 되어 밀려나고
너무 멀어지면 밀물 되어 당기는 이웃

살다 보면 인공호흡
심폐소생술로 깨어나기도 하지만
보름달이 되었다가 초승달이 되었다가
그렇게 너를 향해 바라본다

그 마음이 커진 걸까
내가 커진 걸까
슈퍼문이 심장으로 쿵 떨어지는 밤
둘이 하나 되려고 거리를 좁힌다

도마의 일대기

칼로 다지고 썰고
칼받이가 될 줄 어찌 알았겠는가
내리치는 매서운 칼날에
홈이 파이고 골이 생겨 휘어진 등짝

처음 만났을 때 서툰 그녀를 위해
언제 내주어도 행복이었고 따스한 손길이었다

나날이 늘어나는 칼질 솜씨에
등은 반질반질 길들었다
때로는 화풀이하는 그녀의 손에
쩍쩍 갈리고 파이고 그녀와 함께 아팠다

한동안 배달 음식과 밀키트로 멀리하더니
그녀가 내게로 다시 왔다
부드럽고 묵직한 손놀림
다닥다닥 편안한 손놀림에 마음이 놓였는데

어느새 폐기 처분될 몸
하얀 위생 도마에 밀려 기댈 곳을 찾고 있다

해묵은 먼지

집안 살림은 자꾸 쌓이는 물건으로
늘 번잡스럽고
묵은 물건은 버려질 것이 많다

소리 없이 쏟아지는 눈발이 거리를 덮고
찐빵집 자욱한 뭉게구름 사이로
희미하게 떠오른 얼굴들

뿌옇게 보이는 눈을 닦으며
저물어 가는 한 해를 돌아본다
어떤 것은 명확하게 그려지고
어떤 모습은 희미하게 생각만 날 뿐
무엇을 새기고 지워야 할지 조심스럽다

씻어도 지워지지 않는 묵은 때는
목욕탕 열기 속으로 스며든 사람들 틈에 내려놓고
한층 가벼워진 걸음으로 첫발 디뎌 본다

새날은 다시 쓰는 것
설경으로 덮인 세한도 풍경이
세우지 못한 계획표를 건넨다

작심삼일

새해 계획을 묶어서
단단한 마음 끈을 준비하는 아침
잠시 뒤로 미루다가
저녁이면 목을 조여 온다
밤을 꼬박 새워서 할 수 있다면
다행스러운 일
누군가에게는 쉬운 일이
누군가에게는 매우 어려운 일
하루하루 성실히 살아내는 일이
중요한 순간이 되기도 하지만
꼭 해야 하는 과제 앞에서는
두려움과 낯섦이 교차한다
계획 앞에 무너지는 날이 있다면
제대로 해낼 수 있는 날도 있겠지
강해지는 심장약 먹고
튼튼한 근육을 만들어
다시 계획을 세워 보는 하루
새해는 늘 새롭고 강한 힘을 기대한다

제5부
능소화의 계절

아벨리아

떫은 감 먹은 듯 입안이 텁텁한 아침
산책길에 만난 하얀 별꽃
한 달이란 긴 시간 병마와 싸워
꽃이 얼마나 큰 기쁨인지 알게 되었지

공짜가 없는 세상에
화단의 꽃들은 기쁨을 선물하고
아가씨 치마에 얹혀 향기 뿜어내며
재잘거리는 소녀의 수다를
꽃잎에 받아 주었지

장 보러 가는 엄마의 치맛자락에도
사뿐사뿐 걸음에도 얹혀
향기가 사뭇 따라다녔지

자그마한 얼굴로 조롱조롱 매달려
지나가는 걸음에 인사 건네고
바람 따라 사르르 흔들릴 때면
누군가 꺾어 버릴까
댕강댕강 소리 내며 아우성치지

조곤조곤 들려오는 아름다운 소망
소녀 적에 품어온 작은 씨앗들
댕강꽃 하얀 편지지에 빼곡히 써 놓고
걸음마다 소리 내어 읽는 아침
새로운 꿈결이 자욱하게 퍼진다

추억의 몽산포

지친 신심 쉬게 하고
달려온 365일 내려놓는 뙤약볕의 여름

빨갛게 익어 가는 살갗은 뻘밭 맛조개 잡는 손맛
소금에 묻어 나오는 인생 샷을 찍는다

버려질지도 모르는 납작게와 고둥
고사리손 아이의 동그란 눈빛
고향으로 달려가는 길목에서 만난 몽산포

뙤약볕에 익어 가는 여름 텃밭
어머니 사랑 담긴 한여름의 밥상도
추억으로 잠기는 바다

아이들 까만 눈동자에 뒹구는 모래사장
양동이 들고 의기양양한 아이
펄펄 뛰는 발걸음에 뒤따르는 할아버지

푸른 솔밭 사이로 펼쳐지는 여름날의 추억이
고스란히 담긴 한마당 잔치
몽산포를 품은 바다가 커진다

능소화의 계절

헤픈 여인이라 그러한지
한쪽 어깨 늘어트린 광고 속 여자

높은 담장 아래
고혹적인 아름다움을 간직하고
뜨거운 가슴으로 피워 올린 꽃

세상 향해 외치는 여인의 목소리
큰 입 환하게 드러내며
큰 귀로 맞서는 주홍빛 꽃잎

두근두근 설레는 마음
"나 여기 있어요"
외치지 않아도 뭇시선 사로잡으며

담장에 기댄 몸매에 숨겨진 강인함
환희와 박수에 한여름 땀방울 식혀 주는 폭포수

주홍빛 윗도리 진초록 치마
정갈한 수채화 한 폭으로
여름을 덮고 있다

오월의 프리마돈나

붉은 장미가 들려주는 노래
눈길이 자꾸 간다
너무 가까우면 찔리는 가시
꺾어서도 안 되는 꽃의 여왕

하늘은 새파랗고 태양은 조명등
바람은 리듬 맞추는 악단
노란 금계국 장미를 향해 환호하고

내려다보는 아카시아꽃 머리를 내민다
울타리 너머 너른 들판 개망초
신나게 흔들거리며 군무를 춘다

하늘과 태양이 어울린 동네
꽃과 바람으로 신록의 무대 차려 놓고
주인공과 방청객이 하나가 된다

오월의 무대가 있어 행복하고
프리마돈나가 있어 즐거운 시간
커튼콜이 내려도 모두 행복하다

야(夜) 춘풍

밤에 부는 봄바람
꽃잎에 정분났다

감미로운 손끝에
부리나케 피어나는 꽃봉오리
내일은 초례청 차리겠다

가로등 불빛이 춤을 추고
어둠을 켜고 손짓하는 불꽃잎
나란히 걷는 연인들은
사랑의 유람선 타고 하늘을 난다

출렁이는 강물 스쳐 가는 바람
길게 드리워진 금빛 물결
밤을 깨워 재촉하는 봄은
사랑의 계절이다

제비꽃 편지

설렘으로 피어나는 봄의 향연
화려한 봄빛을 모은
다소곳한 제비꽃 편지
차마 읽지 못하고 가슴에 품는다

수많은 꽃 중에
수줍게 핀 자주 제비꽃
화사한 봄꽃 축제에서 비켜나
작은 언덕에 꽃그늘 만들었다

봄날 뽐내려 향기 더하고
고개 돌려 보는 곳마다
피어나는 연초록 봄소식에
눈 돌리지 않는 앉은뱅이 꽃

저렇게 피어나는 작은 꽃망울
어떤 걸음이 눈 맞춰 주지 않았을까
고이 접은 편지 꺼내어
큰 소리로 읽어 준다

낙화

암팡진 꽃샘 사이로
꽃망울로 떠오르는 새별
기대와 설렘으로 몽글몽글 피어나
한순간에 떠나는 이별꽃

오래도록 머물기를 염원하면서도
쉬이 떠나 두고 가는 사랑
흔들리며 피어올린 꽃
반짝이는 별사탕
인생의 클라이맥스다

꽃 진 자리에 열매 자리 마련한
어설픈 봄날은
짧은 시간을 위로하는
따뜻한 심장 소리

날리는 꽃잎에 미소 지으며
여전히 봄날은 아름답다고
청춘이 꽃비에 전하는 말
떠나가며 듣는 귀에 메아리친다

해바라기

사랑 따라 움직이는 해바라기
오직 너를 향한 나의 마음
그리움에 터져 버린 눈망울
숨길 수 없어
고개 떨군 얼굴
한 사람을 향한 끊임없는 외사랑
길게 뻗은 목덜미는
그리움의 지독한 증표인걸요

쌍화탕

봄기운을 타고 내게로 왔다

늦은 진눈깨비 날려 놀란 봄

가로등 불빛 따라 흩뿌린다

따뜻한 쌍화탕에 봄눈이 녹는다

달팽이

봄비 따라 나들이 나온 달팽이
하얀 속살 드러내고
느릿느릿 집을 이고 기어간다

버거운 짐 어깨 메고
가족이란 껍질로 울타리 되어 준
부모님 닮은 달팽이

다섯 형제
마주 보며 웃게 해 준
내리사랑

어느새 내 등짝에도
내려앉는 껍질
천천히 기어가는 네가 사랑스럽다

매미

따르릉-- 맴매맴
아침마다 인연 찾아 달라는 벨 소리
잘 부탁드립니다
전화기 너머 들려오는 소리

칠 년의 오랜 기다림
수액으로 몸을 청정히 하고
울림통 크게 만들어
껍데기 벗고 날개 달아 떠나는 여정

기다림이 내리는 소리통으로
사랑 부르는 소리
울어 울어 울음으로 부르려다
커지는 울음소리
방충망에 매달려 공수표 날린다

울음으로 생을 세우고
울림으로 생을 마감하는 애절함
따르릉따르릉 맴맴 따르릉
부탁 들어주지 못하는 귀가 아프다

봄이 오면

햇살 퍼져 가는 창밖
멀리 있는 아지랑이에 손 내민다

손놀림 빨라지고
배달된 택배에 얹혀
덤으로 딸려 오는 봄

잡동사니 소각장에 쌓이고
두꺼운 옷을 상자에 재우면
나풀거리는 봄옷이 걸어 나온다

베란다 화분에 싹이 돋아나
화분 갈이에 분주해지는 손
성급히 꽃밭을 거느린다

햇살 간질이며 하늘대는 우수
설렘 가득 담긴 배낭을 세워 두고
운동화 끈 풀어 현관 앞에 챙긴다

비누

아이의 부모는 비누 한 조각
아이의 잘못은 비누로 지운다

비누를 쥐고 문지르면
두 손에 하얗게 일어나는 거품

세상과 싸우느라 삭이지 못한
지친 시간이 쌓여 있다

바깥의 먼지와 뒤꿈치의 각질
고단함으로 얼룩진 하루를 닦아 낸다

비누 한 장이 흔적을 지운다

거품을 일으키며 점점 줄어드는 비누

비누의 속살이
하수구로 미끄러진다

책 베개

베고 눕기만 해도 똑똑해질 책 베개
책 읽기를 거부하는 세대 아이쇼핑이라도 하자
많은 종류의 책들이 책장 사이로 빼꼼히 내미는 얼굴
아무도 바라보지 않는다
가장 핫한 옷맵시로 치장한 베스트셀러
어서 읽으라고 유혹하는 진열장
알록달록 귀엽고 예쁜 동화책
동심으로 가득 찬 꽃밭 풍경에 미소가 절로 나온다
한 달에 한 번 만나는 정기 간행물
신메뉴 말잔치에 호기심으로 귀를 쫑긋 세우고
맛과 청각 긴장감 넘치는 서스펜스 소설까지
오감을 자극할 준비가 되었다고 광고하는 소설책
시식하듯 간을 본다
시간 따라 줄 선 역사책 세계를 주름잡는 세계사
인간의 구조주의를 캐내는 철학서
다독이며 안아 줄 것 같은 심리 서적
돌고 돌아 도착한 종착지
쇼핑을 했으니 앉아서 시식도 해야겠지
간단하고 길지 않은 글줄
행간을 제대로 읽어 내야 알 수 있는 시집 한 권
익숙한 아메리카 커피 향이 쏟아져 나온다

〈해설〉

체험적이며 실체적이고 삶 밖에서 삶을 인식하는 시 쓰기

〈해설〉

체험적이며 실체적이고 삶 밖에서 삶을 인식하는 시 쓰기

이오장(시인, 문학평론가)

시 쓰기에서 가장 중요한 요소가 무엇인지는 큰 의문이지만, 그것을 깊이 생각하는 시인은 없다. 기분에 따라 떠오르는 대로 자기의 감각을 총동원하여 작품을 쓰려고 할 뿐이다. 그러나 자아를 찾지 못한다면 진정한 의미의 작품을 쓸 수가 없다. 즉 자아 감각이 뛰어날수록 진실한 작품이 나오며 그것이 명작이 된다. 자기를 알고 내적인 힘과 안정성의 원천을 찾아내는 것이야말로 진정한 시 쓰기의 시작이다.

이승현 시인은 자신을 밖에서 보는 것처럼 내부에서 본다. 이는 시인의 능력으로 자신을 알아야 독자성이 존재하며 독창적인 작품이 창조된다는 것이다. 자신의 의식 때문에 시인은 나와 세계를 구분 지을 수 있고, 자연과 일치되는 작품을 쓸 수 있다. 의식이 있으므로 시간을 알 수 있고, 현재를 넘어서는 시간도 상상할 수 있으며 어제와 내일을 아는 개념도 인식할 수가 있다. 또한 체험적이며 실체적이고 역사적이며 그 역사의 밖에서 삶을 인식하는 것이라 할 수 있다. 시인의 자아는 언제나 사회에 영향을 끼친다. 자아는 대인 관계에서 성장하고 주변의 사회적 여건에 의하여 발전한다. 그러므로 개성이 없이 한결같은 성향을 보이는 것은 배제하며 자신을 경험하고 창조해 나간다. 자아 속에 받아들인다는 것은 무엇을 뜻하는가. 그것은 애당초 심리적인 존재로서 출발하여 체험적인 결과로 끌어낸다는 확신이 기초가 된다. 논리적으로 증명이 되지 않지만, 자기의 존재를 알게 되는 것에는 하나의 요소가 따른다. 의식은 시인이 자신에 대해 질문을 던지는 전제가 되기 때문이다. 다시 말하여 자기 자신을 나로서 받아들인다는 것은 바로 자아를 의식하고 있다는 증거다.

대부분의 시인은 자신의 개념을 믿지 않으려는 경향을 보인다. 자신의 개념을 가지고는 사람을 다른 동물과 분리할 수 없다. 그것은 자신을 과학적 대상으로 생각하기 때문이다. 그러나 시인은 자신을 객관적으로 증명할 필요가 없이, 사람들이 시인과 관계 맺는 능력을 보여 주면 충분하다는 것을 작품으로 밝힌다. 이승현 시인 자신은 개체 속에 있는 조직적인 기능이 있기 때문에 다른 사람과 관계를 맺을 수 있다는 확신을 가졌다. 시는 결코 과학이 아니기 때문에 정신적인 방향으로 삶을 제시하면 된다. 다시 말하면 대상과 상통하며, 직관하며, 느끼며 행동하는 통일체로서의 자신을 충분히 보여 주고 있다.

1. 상상의 대상을 인지하고 반응적으로 나타나는 이미지 표현하기

연극에서 배우는 다양한 성격의 인물을 연기한다. 배역의 성격이 자신과 전혀 달라도 연기를 하다 보면 조금씩 배역의 성격에 동화되어 간다. 이런 현상을 역할의 수행 효과라고 한다. 역할 수행 효과는 자신이 잘 이해하지 못한 것을 설명할 때, 배우가 배역에 빠져드는 것처럼 그 개념으로 들어가 이해한다는 의미다. 이승현 시인은 작품을 통해 이와 같은 배우의 역할을 한다. 체험에서 얻은 사유가 어떤 사물이나 형상을 만나든가 아니면 상상의 대상을 인지하고 거기에서 반응적으로 나타나는 이미지를 언어로 표현하는 것이다. 체험할수록 사유의 폭은 넓어지고 사물의 움직임에 즉각적인 반응을 보이게 되는데 이점을 최대한 활용하여 시를 쓴다. 간접적인 체험이나 응용의 체험, 또는 전해 듣거나 독서를 통해서 간접적인 체험을 하게 되고 이미지화시키는 것에 능숙하다.

달려오던 봄이
화이트 크리스마스를 선물하는 3월
기다림에 지쳐 늘어졌다가
하룻밤 사이 머리가 하얗게 센
설중매를 마주한다
산수유 닮았다고 이름 바꿔 불러도

생강 냄새 솔솔 풍기며 반기는
생강나무꽃
눈 속에 고개 내민 복수초
멀리 계신 부모님께
평안과 장수를 염원하는 봄날이다
돌담길 따라 노랗게 맞아 주는 영춘화
같은 부류라고 손 내밀어 보지만
두 손 번쩍 들고 자존심 지킨다며
하늘로 가지 뻗은 만리화
풍년화가 웃음으로 반긴다
이 말 저 말 막말에 귀를 닫고
척박한 땅에서 살아남으려
변신의 귀재가 된 노루귀
세상 살아가는 지혜를 밝힌다
봄을 시샘하는 폭설이 내려도
깽깽이꽃 연보랏빛 향기
큐피드 화살에 봄날이 흔들린다

– 「꽃의 크리스마스」 전문 –

봄 타령이나 꽃 타령이라고도 할 수 있으며 계절의 변화에 맞춘 삶의 노래라고도 할 수가 있는 작품으로 봄의 향연을 넘어서는 지혜로운 화려함이 돋보인다. 크리스마스는 겨울의 대표적인 행사다. 세계 각국에서 예수의 탄생을 기뻐하며 스스로를 자축하면서 연말을 보낸다. 그런 전통은 2천 년이 지난 지금도 변함이 없고 인류가 존재하는 한 영원히 지속될 것이다. 그런데 현대에 와서 의문에 휩싸인다. 계절의 순환에 문제가 생겼다. 북극이 열대우림이 되고 남극에서 꽃밭을 볼지도 모르게 환경이 변해 간다. 인류가 지구를 지배한다고 큰소리치는 순간부터 생긴 변화다. 이승현 시인은 이런 생태적인 변화를 그냥 넘기지 않았다. 꽃의 크리스마스는 지구의 멸망이 가깝다는 뜻이다. 그러나 아무도 인식하지 못하고 당연하게 받아들인다. 만약에 꽃의 크리스마스가 온다면 인류가 지구에서 사라질 때일 것이다. 시인은 그것이 염려스럽다. 직접적인 표현을 쓰지 않고 3월에 폭설이 내리는 현상에서 환경의 변화를 알아채고 생태의 격변을 들춰내어 지금을 사는 인간들에게 경고한다. 더구나 타령조로 알기 쉽고 이해하기 쉽게 열거하며 은은하게 풀어간다. 봄을 대표하는 설중매, 생강나무꽃, 복수초, 영춘화, 만리화 등 많은 꽃을 보여 주며 이 같은 꽃들이 겨울을 맞이하듯 폭설에 쌓이는 현상을 크리스마스 풍경에 묶어 낸 시상은 평소에 지구의 환경이 인류에게 어떤 영향을 미치는가를 알기 때문이다.

산다는 것은
꼬여 버린 실마리 찾기
풀어서 따라가는 여정
한 번 꼬이면 어김없이 끊기고
엉킨 자리 매듭 붙잡아
처음으로 돌아가게 하는 미로

시집올 때 가져온 명주 실타래
장롱 깊숙이 똬리 틀고 앉아
엉킨 날들을 묻고 있다

청실홍실 사주단자
발과 발로 이어져
한세상 이어 가는 똬리 튼 실타래

어디서부터 잘못된 것인지
한 번도 풀지 못하고 과거를 돌아본다
끊기도 감지도 못하고
너와 나를 묶은 하얀 그림자

– 「너와 나를 묶은 하얀 그림자」 전문 –

삶의 철학이 오묘하고 사물의 이미지가 선묘하며 언어의 감각이 돋보이는 작품이다. 삶은 꼬여버린 실마리 찾기라는 첫마디가 강렬한 인상을 남기면서 작품 의도가 선명하게 드러난다. 삶은 혼자서 이루지 못하는 여정이다. 누구와 함께해야 하고 반드시 협력의 공동체가 있어야 가능하다. 그것을 얽힌 실타래로 표현하고 꼬이면 어김없이 끊기고 처음으로 돌아가야 한다는 것은 누구나 인식할 수 있는 해답이다. 시인은 한 걸음 더 앞서 짚어낸다. 그 실타래에 묶인 원인이 필연적인 인연으로 맺어지고 그 맺음의 기약은 사주단자라는 실꾸리에 묶인 운명이라고 한다. 옛 풍속에 얽힌 혼례의 의식에서 저절로 얽힌 인연의 끈, 그 끈으로 인하여 한세상 묶여 살아가는 삶의 무게를 그렸다. 그러나 맺어졌다고 반드시 순탄하고 행복한 것은 아니다. 갈등이 생기고 차이가 생기며 높낮이가 생겨 다툼이 일어나고 그 결과가 나빠질 수도 있다. 이것은 운명을 비껴갈 수가 없으며 실타래에 얽힌 실이 되어 버린다. 끊을 수도 없고 버릴 수도 없는 상태, 결혼 생활의 필수적인 부작용일 수도 있으나 아무도 부정하지는 않는다. 시인은 그런 힘든 과정의 삶을 비관하지 않는다. 하얀 그림자 때문이다. '하얗다'는 건 원색의 순수이며 그 순수에서 나타나는 모든 일은 활용을 잘 한다면 부작용이 없고 얽힌 실마리를 찾는 힘이 되는 것이다.

마지막 남은 한 장 달력
육십 해 무게를 모를까
힌 해의 무게를 가볍나 한다
달력 한 장 속에는
365일의 무게가 웅크리고 있다
기쁨 슬픔 즐거움과 괴로움
하루하루 일과가 모여서
열두 번째 달력에 매달린다
뾰족한 돌과 동글동글한 돌을 가려
열두 달 마주친 얼굴들과 눈 맞춤 한다
가벼움과 무거움이 교차하여
바람에 살랑이는 나뭇잎 연서다
한 살 먹는다는 것보다

한 살 먹어서 쌓이는 무게가
나무의 마디가 되고
나뭇잎 한 장의 생이 끝이 아니듯
한 장의 달력이 남아서
새살 돋고 희망을 품는다
365일 무게는 우주의 부피
나이만큼 넓어진다

－「365일의 무게」 전문 －

산다는 건 무겁다고 한다. 대부분 그런 생각을 가지고 산다. 그러나 실제로 무거울까. 물체의 무게는 질량에 따라 다르고 힘에 따라 다르다. 10킬로그램짜리 무게를 힘없는 사람이 들면 무겁다고 하고 힘 있는 사람이 들 때는 가볍다고 한다. 이것은 삶의 무게는 사람마다 다르다는 뜻이다. 실제로 산다는 것은 무거울 수밖에 없으나 환경과 짊어진 무게에 따라 달라진다. 그렇지만 왕후장상이나 일반 국민들의 무게는 실로 차이가 크다. 높은 곳에서는 무게를 줄이고 낮은 곳에서는 무게가 모이기 때문에 실제로 느끼는 차이는 엄청나다.

이승현 시인은 삶의 무게를 직접 재는 것이 아니다. 보고 듣고 느낀다. 지구는 둥글고 움직인다. 그 속에서 사람이 느낄 수 있는 것은 자신밖에 없을 것 같으나 누구든지 지구 전체를 인식하고 있다. 시간을 알고 날짜를 계산하고 자신의 변화를 알기 때문이다. 거기에 달력을 만들어 시간을 측정하는 능력을 갖춘 뒤로는 더욱 무겁게 인식한다. 하루하루가 같은 것 같아도 다르다는 삶의 셈법을 모르는 사람은 없다. 시인은 그런 무게의 차이를 달력을 통해서 펼치고 인간에 얽힌 모든 것을 풀어낸다. 한 살 더 먹는 것보다 한 살 먹어서 쌓이는 무게를 마디로 계산하고 나뭇잎 한 장의 생이 끝이 아니듯 계산할 수 있는 달력은 남아서 새살이 돋는 희망을 읽는다. 결국 시인은 하루의 무게는 우주의 무게이며 그 부피는 나이만큼 넓어진다는 답을 내놓은 것이다.

2. 인간과 맺은 관계와 자신을 둘러싼 환경에 맞춰 나가기

이 시인은 단순히 행동하고 선택하고 결심만 하면서 시를 쓰지 않는 것 같다. 존재한다는 믿음으로 하나의 상황이 아니라 인류 전체를 짊어진 소명이자 의무이며 목표라는 의지를 가지고 시를 쓴다. 따라서 존재한다는 것을 당연한 사실로 받아들이는 대신 나는 '어떤 시인이 되어야 하는가' '어떤 시인이 되고 싶으냐'는 근원적인 질문을 스스로에게 던진다. 그저 시류의 흐름에 따라 삶의 변화에 따른다면 존재가 형성되지 않는다는 것을 깊이 인지하고, 시의 길은 단순히 시작하다가 끝나는 것이 아니며 인간과 맺은 관계에서 자신을 둘러싼 환경에 맞춰 나간다. 이것은 시인에게 존재하는 원초적인 고독을 풀어내는 일이며, 시인으로 존재하고 무엇을 원하든 자신뿐이라는 것을 의미한다. 결코 다른 사람이 될 수가 없는 삶의 지표이며, 존재라는 것은 서로 바꾸거나 위임할 수 없는 것이므로 시인 자신의 이런 고유한 존재를 마땅히 감당해야 한다는 것이다.

시간은 가고 있다
조금 기울어진 축의 방향은
사유의 깊이를 더해 주고
미학적 예술로 승화되어 변주곡을 쓰게 한다
기울어진 축이 만든 계절
여름 끝자락 놓기도 전에 겨울 문턱 넘보고
단풍잎이 되려 하는 시간

가을옷은 옷방을 서성이고
짧은 해를 늘리려 기도하는 시간
가을비 한 움큼에
짙은 낙엽 향은 삶의 무게를 나르고 있다

곧 북풍이 닥칠까 조급해진 마음은
가는 바람에 시간을 매달아
심호흡으로 숨을 들이마신다
푸름은 네 것이고
달콤한 열매는 내 것이기를 꿈꾸는 길목
물드는 단풍은 물드는 대로
익어 가는 열매는 열매로 두라고
기울어진 시계가 말 건네는데

시간은 저만치 오고 있다

– 「기울어진 시계」 전문 –

세상에 모든 물질은 상황에 따라 움직임으로 기울기도 하고 넘어지기도 하지만, 대부분 똑바른 상태를 유지하려는 힘이 크다. 나무는 기운 상태에서도 새순은 바르게 돋아나는데 이것은 물질의 존재가치는 올바름에서 있다는 것을 말한다. 우주의 질서는 한 치의 어긋남이 없는 것으로 조금만 틀어져도 온갖 부작용이 나타나는 것이다. 그렇다면 시간의 질서는 어떤 모습일까. 모든 것을 지배하는 시간은 정확한 위치에서 가장 올바른 자세를 잡는다. 시간은 흐름이고 영원한 것으로 누가 간섭하지도 막지도 못한다. 사람이 삶의 편리를 위해 기준을 정하여 만들었을 뿐, 우주의 시간은 영원함으로 시간이라는 건 존재할 수가 없다. 그런 시간을 재는 시계가 기울었다면 어떤 모습일까.

이승현 시인은 시간의 개념과 속도 그리고 위치를 그려 내며 삶의 정확도와 이치를 밝힌다. 시간은 직선이다. 그러나 우주의 선은 곡선이다. 사람이 만든 시계는 직선도 곡선도 아닌 원형으로 제자리걸음이라는 것을 시인은 읽었다. 기울어도 시간은 가지만 기운 상태의 시간은 기울어진 상태로 봐야 하므로 피곤하다. 그래서 변주가 될 수밖에 없다. 거기에서 삶의 무게가 측정되므로 기울기를 조절해야 한다. 시인은 답을 찾아가는 여정에서 시간의 이동을 보았고 푸름은 나의 것, 달콤한 열매도 나의 것이라는 촉감의 느낌을 받았다. 일종의 행복 찾기다. 그러나 최종적인 답은 시간은 어떤 상태에서도 멈추지 않는다는 진리를 인식한다.

모임은 농담 따먹는 과자 공장
장독대는 더 이상 궁금하지 않아
앞집 옆집은 뭘 먹고 있는지 더 궁금하고
외우기 힘든 이탈리아 음식점에서
어떤 걸 시켜야 하는지가 더 궁금해졌어
사우어크라우트 피자 볼로네제 감바스
낯선 메뉴들 제대로 시키고 있는지 모르겠어
누구는 화려한 옷에 명품 백을 들고 왔어
그 사람이 행복한지 슬픈지는
조금도 궁금하지 않아
그녀가 어디에서 밥을 먹고 어떤 옷 입는지
어디를 다녀왔는지 궁금할 뿐
잘 차려진 테이블에 우아하게
나이프와 포크로 고기를 썰고
고기가 얼마나 연한지
파스타는 얼마나 산뜻한 맛인지가 궁금할 뿐
부족하거나 슬퍼하는 모습은 창피하잖아
그들은 여행과 맛집 그린 뷰를 얘기하는데
고독은 어울리지 않아 시대가 그런 걸
입으로 따라가며 즐기는 척해야지

– 「시대의 자화상」 전문 –

시대는 그 시대만의 특징과 역할을 지니고 있다. 그것을 토대로 뒤따르는 시대가 새롭게 도래하여 새로운 탑을 쌓는다. 그리고 그 시대의 인류는 그만큼의 영향을 지닌 줄 모르고 후대로 역사를 옮기는데 여기에서 착시현상이 생긴다. 그 시대 사람들은 그 시대를 이해하지 못하여 자신의 위치를 정하지 못하는 방황을 거듭하는 것이다. 인간은 이것을 반복하지 않으려는 의도를 갖지만, 항상 공염불에 그친다. 만약 시대의 현상을 정확하게 짚어 그것을 바꿔 가는 역할을 누군가가 앞장서서 했다면, 인류의 역사는 이렇게 혼란하지 않았을 것이다. 이승현 시인은 현시대의 자화상으로 지금을 그리며 반복되는 역사의 뒤틀림을 고발한다.

옛날에 먹었던 음식의 변화에 익숙하지 않고 각종 필수품의 발전으로 전혀 낯선 세계에 사는 듯 이질적인 삶, 이것을 타파하기보다는 사실의 역사로 기록하려는 의도를 보인다. 서양 문명의 이질감, 작은 소모품 하나에도 들어 있는 과학의 발전에 어리둥절하고, 수저 대신 나이프와 포크를 사용하는 불편, 이름조차 생소한 음식의 모양과 맛에 쉽게 길들지 않는 자신의 비약함에 어찌할 바를 모르다가 그런 것에 중독되면 아무것도 못 한다는 것을 깨닫는다. 그들은 그들의 문화가 있고 나는 나의 문화가 있다는 자신감을 내비친다. 아첨하듯 따라가야 새로운 역사를 이룰 수 있다는 것을 지혜롭게 펼친다.

똑똑똑
누구세요
나야
반가운 목소리에 열리는 문

문 하나 사이가 얼마나 먼지
그 문 열리는 무게가 얼마인지 알고 있니

바늘 하나 들어갈 수 없는 작은 구멍
바다보다 넓게 열리는 문
커지기도 하고 작아지기도 하는 마음

세상에서 제일 무서운 문이 사람의 마음
다 퍼 주는 문도 사람이고
바늘귀 들어갈 수 없는 문도 사람

딱딱한 방문 틈 사이로
새어 나오는 불빛
마음 얹으면 행복의 바다가 보인다

－「닫힌 문」 전문 －

문은 소통일까, 아니면 보호 장벽일까. 인간이 자연에 두려움을 갖고 집이라는 것을 만들었을 때 보호를 위하여 문을 만들었다. 나갈 수 있어야 들어갈 수가 있고 들락거려야 집의 역할이 생기는 것을 안 것이다. 그러므로 문은 소통이고 보호막이다. 이것은 집에만 한정된 것이 아니다. 사람의 정신은 안에 있지만, 밖으로 향하는 것이 더 크므로 밖을 많이 동경한다. 그 밖은 다른 사람과의 관계, 세상으로의 상상, 안과 밖의 동경으로 점철되어 항상 안팎을 나눈다. 그런 이유로 문을 닫을 경우에는 밖과 단절이 되므로 열어야 한다. 그렇지만 삶은 항상 바뀜으로 진행되는 관계에 닫지도 열지도 못할 때가 자주 발생한다. 이 시인도 마찬가지다. 기다리던 사람이 단절의 문을 열고 들어올 때 반가움만큼 '왜 여태 문을 닫았을까' 하는 아쉬움에 삶의 방편이 바뀐다. 그리고 깨닫는다. 사람에게 얼마나 소중한 문인지를, 문의 여닫이가 얼마나 절실한지를, 일시적인 닫힘을 열게 한 계기는 여러 이유가 있으나 사랑이 부족했다는 것을 절실하게 느낀 것이다. 꽉 닫힌 창문 틈으로 들어온 햇살 같은 반가움에 마음의 문을 활짝 열고 삶의 지평을 넓힌 시인의 자세가 아름답다.

3. 삶에서 피워 낸 언어의 꽃 그리기

이승현의 시 세계는 세상의 모든 사물의 각 부분이 유기적으로 결합하여 이뤄진다. 사물을 관찰할 때 각 부분을 살피는 것을 넘어 부분 간의 상호 연결에 더 관심을 가지고 진정한 의미를 밝혀낸다. 시는 언어로 표현하는 창조적인 예술이라는 점을 깊이 파악한다는 증거다. 그러나 언어만 앞세운다면 관념으로 굳어지므로 사물의 비

유를 심도 있게 그려 내고 사물의 이미지를 언어로 표현하는 능숙함을 앞세운다. 이것은 삶의 무게를 알고 있다는 것으로 시인만의 특성을 살려 내는 심신의 체험이 그만큼 크다는 것을 의미한다. 시인이 추구하는 삶의 아름다움이 그대로 세상에 퍼져 나간다는 건 꽃으로 형상화한 언어가 아니라 삶에서 피워 낸 삶의 꽃이다. 독자나 어떤 개개인의 삶에 영향을 줘 어떤 삶이 아름답다고 할 수가 있는지를 밝히는 시인의 시 쓰기는 이제 시작에 불과하지만, 많은 독자가 좋아하는 꽃의 언어를 만들기에 충분한 능력을 갖췄다.

초원은 언제나 기쁨이 넘친다
태양 빛이 깔리는 그린 필드
그곳에서 우리 만나요

우아한 노랑나비
날개를 펼치는 초원
세상이 온통 푸르게 물들어 가고

분홍빛 세상을 꿈꾸며
날갯짓하던 나비춤
세상은 층층이 도사리는 먹이사슬
호시탐탐 노리는 사냥꾼들

비가 내려도 이곳은 푸른 초원

골짜기 물이 마르지 않는
사랑 노래가 흘러나오는 곳

우리가 만나 초원에 세운 집
아름다운 꽃과 꿀이 흐르는
여기에서 함께 노래를 불러요

–「그린 필드에서 만나요」 전문 –

사람의 바람은 가상의 세계를 만든다. 무릉도원 지상낙원 천국 등 겪을 수 없으며 겪어보지 않은 이상향을 그리는 것은 그만큼 삶이 힘들다는 것이다. 부자와 가난한 자 권력자와 피지배자들 모두 어떻게 살아도 힘들다. 자신의 위치를 고수하고 더 많은 것 더 좋은 것을 원하는 인간의 심리가 만족을 모르기에 힘들 수밖에 없다. 지구에서 제일 행복하다고 느끼는 사람들은 의외로 아프리카 황무지에서 사는 사람들이다. 한 끼를 먹을 수 있다면 그런 행복이 없고 원하지도 않는다.

'아는 만큼 힘들고 모르는 만큼 행복하다'는 것은 욕망으로 점철된 사람의 심리를 평하는 말이지만, 그것을 부정하는 사람은 없다. 이것을 보면 사람이 꿈꾸는 이상향은 바람일 뿐이다. 그러나 유일하게 이뤄지는 것이 있다. 이승현 시인이 그려내는 푸른 초원이다. 초원은 삶이 시작된 곳으로 지상낙원이다. 초원이 없었다면 생명도 없으며 누구의 삶이라도 초원을 떠나온 것을 후회한다. 하지만 다시 갈 수 없는 낙원이다. 시인은 기쁨이 넘치고 노랑나비 춤추는 초원에서 분홍빛 세상을 꿈꾸며 최고의 행복을 원한다. 이것은 꿈이 아니다. 가꿔 간다면 얼마든지 이룰 수 있는 낙원이다. 그러나 이미 떠나온 곳으로 다시 가기가 힘들다. 초원에서 만나자고 하는 것은 우리가 함께 잃어버린 초원을 이뤄 가려면 사랑으로 보듬어야 하며 꿈꾸듯이 사랑을 이루자는 일종의 캠페인 같은 선언이다.

키오스크 앞에서 커피를 고른다
젊은 청년의 손을 빌려
간신히 주문한 아이스아메리카노

핸드폰으로 버스 단말기에 댄다
현금 없이 핸드폰 하나면 해결되는 요술 지갑

노년의 아주머니가 버스 출입구에서
대답 없는 고사를 지낸다
핸드폰으로 도전하는 요금 결제

손은 서툴고 당황하는 기립자세
머뭇거리다 핀잔 듣고 비켜난다
꼬리를 말고 비켜나는 시골 쥐의 모습

변해가는 문명은 어른과 아이의
질서를 무너뜨리고

책과 현실을 바꿔 놓는다

젊었을 땐 기계가 두렵지 않았단다
심호흡하는 아주머니
오늘도 마트에서 첨단기술과 씨름하고 있다

-「요술 지갑」 전문 -

사람은 무엇을 더 원할까. 가만히 앉아 곰방대 두드리며 하인을 부렸던 시절이 있었으나 그것은 신분의 격차가 만든 권력자들의 횡포였고, 지금 시대는 가만히 앉아서 무엇이든 뚝딱 누르기만 하면 나오는 요술의 시대다. 과학의 발달이라고 하지만, 너무 빠른 속도에 갈피를 못 잡는 사람들이 있다. 신문화에 익숙하지 않은 노년층은 마트에 가서도 결재하지 못하고 구입한 상품의 정보도 알지 못한 채 그냥 겉모양으로 구입하는 실정이다. 여기에 더하여 휴식처인 카페나 식당에 가면 종업원이 없고 낯선 기계가 맞이하는 풍경에 어리둥절하여 그냥 나오기도 한다. 시인은 노령층이라고 할 수 없지만, 문명에 익숙하지 않다. 또한 자신보다 위 세대의 어른들이 겪는 불편을 논하듯 시로 썼다.

현금이 없이 카드를 사용하는 시대, 보지 않고도 주문하는 상상의 시대를 맞이한 사람들은 과연 이 현상을 모두 반기기만 할까. 기계에 빼앗긴 일자리는 누가 보상하며 정이 사라진 사회는 어떤 것으로 메꿀 수 있을까. 지하철을 이용하거나 식당 주문기계 앞에서 우물쭈물하다가 뒷사람에게 밀리는 현상은 문명의 발달이 가져온 신풍속으로 이질감을 주기도 한다. 기계에 밀려난 시대의 아픔을 지나치지 않고 시로 승화시켜 사회상을 고발하듯 풀어낸 작품이다.

함박눈이 어깨 위에 내려앉아도
쉬이 돌아갈 수 없는 걸음
간절한 순결이 나뭇가지에 쌓인다

웃음소리 끊이지 않는 옛 고향집
고드름 주렁주렁 매달아 놓고
어서 오라 손짓한다

순수했던 지난날은
흐린 날씨에도 맑은 빛을 발하며
어깨를 감싸고

미래를 꿈꾸던 추억의 사춘기
순백으로 펼쳐진 길에
저만치 물러나는
젊은 날의 사랑이 지워진다

하얀 눈이 세상을 덮어
사르르 지워지는 기억의 미로
침묵 속에 나를 깨운다

– 「침묵의 눈빛」 전문 –

갑자기 말이 없어진 사람을 보면, 한마디로 침묵이라는 단어가 떠오른다. 침묵은 말 그대로 입을 다물고 조용히 있는 상태다. 어이가 없거나 기가 막혀 우울감이나 분노의 분출이 갇힌 상태일 수도 있고, 상대가 싫어서 대화를 멈춘 상태이기도 하다. 침묵은 긍정이기도 하지만 강렬한 저항의 표시이며 굳세게 의사를 밝히는 행위이기도 하다. 옛날부터 '침묵은 금이다'는 말로 말 많은 것을 경계하기도 했으나 일정한 말은 자신을 높이거나 자세를 낮추는 의미, 또는 강력한 의사전달이 되기도 한다. 그래서 함부로 하지 못하고 상대방을 무겁게 대한다.

이 시인은 그런 침묵의 상태를 향수에서 발현시켜 쉽게 가지 못하는 고향의 정서를 듬뿍 살려 낸다. 눈이 쌓인 경관에 어린 시절의 놀이가 떠오르고 순결한 나뭇가지에 쌓인 눈이 세상을 순백으로 덮어 평화의 놀이터를 만들었지만, 이제는 그러한 장면에도 호들갑스럽게 떠들지도 못하는 나이다. 그러나 내부에서 일어나는 환희의 추억은 고향으로 달려가게 하며 지나온 시절이 일시에 펼쳐진다. 젊은 날의 사랑이 그리워진다 해도 크게 소리치며 반기지 못하는 지금의 시간이 미워진다. 그 시절이었다면 어땠을까. 마음껏 소리치고 두 손 올려 달려가지 않았을까. 하얀 눈이 세상을 덮어 사르르 지워지는 미로를 만들어도 소리치며 반기지 못하는 침묵의 환호, 오직 눈빛 하나에 그리움을 담아 현상의 변화를 기억 속에 묶은 착상이 잃어버린 정서를 깨울 뿐이다.

4. 인간관계에서 맺은 모든 것을 언어의 꽃으로 피워 내기

이승현 시인의 시를 쓰기 위한 동기는 개인적인 슬픔이나 분노, 절망과 희망을 넘어 대부분은 사물에서 얻어진다. 희로애락의 인간사를 논하기도 하고 지식에 의한 사물의 근원을 파헤친 교육적인 것에서부터 사회와 단체 또는 사회의 모든 정황을 타파하려는 의도를 보이기도 한다. 아는 만큼의 원인을 설명하거나 개인적인 비판에 그치지 않고 소재의 선택에 신중하여 시를 펼쳐 간다. 그 결과물이 상상의 대상을 인지하고 반응적으로 나타나는 이미지로 변화하여 자신을 둘러싼 환경에 적응하는 작품을 만들어 냈다. 인간관계에서 맺은 모든 것을 언어의 꽃으로 피워 내는 본능적 재능을 보여 준 것이다. 이번 시집의 특징을 요약한다면 체험적 이미지의 발현에 실체적이고 삶 밖에서 삶을 인식한 의식의 발로다. 앞으로 얼마나 많은 작품을 쓸지 확연하여 시의 길을 이탈하지 않고 정진할 것으로 보인다.

이승현 시집
꽃의 크리스마스

제1판 1쇄 인쇄 · 2025년 5월 15일
제1판 1쇄 발행 · 2025년 5월 20일

지은이 · 이승현
펴낸이 · 이석우
펴낸 곳 · 세종문화사
편집 주간 · 김영희

주소 · (03740)
서울 서대문구 통일로 107-39, 223호
E-mail: eds@kbnewsnet
전화 · (02)363-3345, 365-0743~5
팩스 · (02)363-9990

등록번호 · 제25100-1974-000001호
등록일 · 1974년 2월 1일

ISBN 978-89-7424-211-4 03810

값 13,000원